AF404762

RECVEIL

DES EDICTS, ET

Lettres Patentes des Roys de France, depuis Charles VI. iusques au Roy nostre Si-
re Louys XIII. à present Regnant, Contenant les Octroys, Dons, Immunitez, Fran-
chises & Libertez concedées aux Marchands frequentans la Riuiere de Loyre & autres Fleuues & Riuieres descendans
en icelle, Ledit Recueil faict au temps de la
delegation d'honorables hommes Pierre
Salomon Sieur de Baule, President en la
Communauté desdits Marchands, & Dele-
gué auec honorable homme Daniel Paris,
Sieur de la maison Sauuée, Claude Cardinet
Sieur de Poynuille, Iacques de Troyes, Sieur
de Monthizeau, Iean Bugi, Sieur de Trou-
gny, Michel Bourdeau, Sieur du Trousset,
Conseillers de ladite Communauté, Claude
Noel, Sieur de Belair, Receueur general
desdits octroys, & Michel Martin, Procureur, Syndic de ladite Communauté.

A ORLEANS,

Par GILLES HOTOT, Imprimeur du
Roy, & de Monseigneur le Duc
d'Orleans.

M. DC. XXX.

ADVERTISSEMENT.

CE Recueil sommaire des Edicts & Lettres Patentes des Roys de France, a esté faict pour grandes considerations, & pour obuier à la perte qui pourroit aduenir des Originaux desdits tiltres, que l'on est contrainct de transporter hors de la Chambre du Tresor de la Communauté desdits Marchãds pour les transporter au lieu ou est le Conseil du Roy, lors qu'il faut renouueler & auoir prolongation de sa Majesté de leuer les deniers des Boëttes establies par les Marchãds,

A ij

ainfi qu'il fe recognoiſt eſtre aduenu par le deffaut de pluſieurs Edicts & Lettres Patentes qui manquent, tant des Roys precedents, Charles V I. que commence ce preſent Recueil ſeulement, que des autres Roys ſubſequent. Ce deffaut de tiltres eſt auſſi prouenu de ce que l'Aſſemblee generale que font leſdits Marchands eſtoit par cy-deuant incertaine, & n'auoit nulle Ville ou lieu arreſté pour la tenuë d'icelle. Chacune des Villes ſcituee ſur ladite Riuiere de Loyre ayans ſes deleguez particuliers ſe vouloit arroger l'authorité & pouuoir de conuoquer ladite aſſemblee en ſa Ville : & ainſi ſelon que ladite aſſemblee auoit reſolu, les Deputez de la Ville où elle s'eſtoit tenuë pourſuiuoient la prolongation deſdits octroys qui demeuroient parde-

ners eux, & n'estoient mis en lieu
arresté. Ce mal auroit ainsi conti-
nué iusques en l'Annee 1540. que
sur le different d'entre les Deleguez
desdites Villes pour la tenuë de ladite assemblee , seroit interuenu
Arrest de la Cour de Parlement de
Paris, par lequel ladite Cour auroit
ordonné que à l'aduenir l'Assemblee generalle de tous les Deleguez
des Villes scituees sur ladite Riuiere
de Loyre se feroit en la Ville d'Orleans , en laquelle Assemblee le
plus Antien des deux Deleguez de
ladite Ville d'Orleans y presideroit,
Depuis lequel Arrest ceux qui en
execution d'iceluy ont esté esleuz
en ladite Ville, ont apporté toute
la diligence qu'ils ont peu pour recouurer & assembler tous les tiltres
qui sont de present au Tresor &
Chambre de ladite Communauté,

A iij

qui estoient par les occasions cy-
dessus espars en diuers lieux, auec in-
tention de les faire auec le temps
coppier, & collationner aux Originaux, ainsi que il a esté trouué bon,
expediant & necessaire à ladite Assemblee de le faire à present pour
le soulagement des successeurs, attendant que le loisir & le temps per-
mettent qu'il se face vn autre Recueil de tous les Arrests, tant de la
Cour de Parlement, que du Priué
Conseil du Roy interuenus en execution desdits Edicts, & Lettres Patentes des Roys, en faueur du
commerce, & de la liberté de la nauigation sur ladite Riuiere contre
plusieurs grands Seigneurs, & autres pretendans peages sur lesdites
Riuieres, qui ne sera moins necessaire pour le bien de ladite Communauté, que le present Recueil

dans lequel eſt inſeré ledit Arreſt de
l'An 1540. pour ſeruir de reglement
à l'aduenir entre tous leſdits Deleguez.

F I N.

ARREST POVR LES MARCHANS

frequentans la riuiere de Loire & autres fleuues
descendans en icelle, par lequel il est ordonné
que l'assemblee accoustumee estre tenuë de trois
ans en trois ans en la ville d'Orleans par lesdicts
marchans, sera permanente, & se continuëra
en ladicte ville, & que les deleguez que les
villes ont accoustumé enuoyer ne seront perpetuels, ains triennaux
& reuocables.

1er juillet — 1540.

Extraict des Registres de Parlement.

ENTRE les Marchans frequentans la riuiere de Loire & autres
fleuues descendans en icelle, appellans de certaine ordonnance
ou commission decernee par le
Iuge d'Anjou ou son Lieutenant,
executeur de certaines lettres Royaux: ensemble de l'execution d'icelle ordonnance & de ce
qui s'en est ensuiuy, defendeurs à l'enterinemenr
de certaines lettres Royaux, d'vne part. Et le
Procureur general du Roy prenant la cause pour
son substitut à Angers, & encores luy & René
Furet seigneur de la batteliere, Clement Alexan-
dre, Iean Briant, gardes de la mónoye d'Angers,

(1.)

Recueil.

F. 4600.

Pierre Grimaudet seigneur de la Coinserie, Clement le Coq seigneur des Guyonnieres, Pierre Allard seigneur de Beauregard, Iean Foussier, François Brossois, Pierre Doiseau le ieune, Mathurin Rigaud, Grehan, Iean Tronchet, Iean Carrabreux, Pierre Mahere, Iean Benard, Guillaume Guerineau, Estienne Clauchart, René Ioliuet, Alexis Maignes, Ymbert Belot, Guillaume Chesneau, François Foucquet, Pierre Damours, Philippes le Bourguignon, François Marchant, Michel Riotte, Maximien Debroudict Marsault, Pierre Fromont, Yuon Lejou, Loys Mesnart, Iulian Guyor, Michau Porcheron, Estienne [illegible] René Burclat, Iacques Bedaham, François Baron, Iean Frotté, Guillaume Viclere, Pierre Du-Fay, Iean Barbeteau, Marin Soizay, Rouland Legendre Detrao, Charles Grimaudet, Thouyn Foyn, René Audoyn, Bastien Chardonnet, & Mathurin Decrespy, demandeurs & requerans l'entherinement desdictes lettres Royaux, d'autre. Veu par la Cour le plaidoyé faict entre lesdictes parties le huictiesme iour du mois d'Aoust, mil cinq cés trente deux : lesdictes lettres Royaux obtenuës le seiziesme iour du mois d'Octobre, l'an mil cinq cens trente vn : les enquestes faictes par lesdictes parties suiuant l'Arrest de ladicte Cour, & reception d'icelles : Arrest du douziesme iour de Iuillet mil cinq cens trente neuf, par lequel appert l'instance de prouision pendant entre

icelles parties auoir esté ioincte au principal du
consentement desdictes parties, les productions
faictes *hinc inde*, les contredicts baillez par lesdicts appellans : Acte contenant la declaration
desdicts inthimez & demandeurs, qui ne vou-
loient bailler contredicts a l'encontre de la pro-
duction desdicts appelans, ny aussi saluations :
l'appoinctement en droict. Et tout consideré,
dict à esté que ladicte Cour à mis & met l'appel-
lation & ce dont a esté appelé, à neant sans amé-
de, & en faisant droict diffinitiuement sur les
lettres royaux obtenuës par lesdits demandeurs,
en ce qu'elles sont addressantes à ladicte Cour,
& conclusions respectiuement prinses par icelles
parties. A ladicte Cour ordonné & ordonne,
que quant a present l'assemblee accoustumee
estre tenuë de trois ans en trois ans en la ville
d'Orleans par les marchans frequentans la riuiere de Loire & autres fleuues descendans en icelle, pour traicter & aduiser à ce qui est necessaire
pour la nauigation desdictes riuieres, ne sera am-
bulatoire de ville en autre, mais sera permanente : & se continuëra en ladicte ville ladicte assemblee de trois ans en trois ans en la maniere
accoustumee, comme estant ladicte ville plus
commode pour les marchans frequentans lesdites riuieres, & que les Procureurs que les villes
estans sur lesdictes riuieres ont accoustumé enuoyer en ladicte assemblee ne seront perpetuels,
mais se pourront reuocquer par les villes qui les

auront conſtituez, quand bon leur ſemblera, &
en eſlire d'aucuns de trois ans en trois ans, ou
iceux continuer ſi bon leur ſemble. Et pour au-
tant que par cy-deuant en la ville d'Orleans y a
eu ſix Procureurs eſleuz par les marchans de ladicte ville, combien qu'en chacune des autres
villes n'y en ait que deux pour le plus, à ladicte
Cour ordonné & ordonne que doreſnauant les
marchans de ladicte ville d'Orleans, eſliront de
de trois ans en trois ans deux Procureurs, ainſi
qu'ont accouſtumé de faire les autres villes eſtás
ſur ladicte riuiere de Loire, pour aſſiſter à ladicte
aſſemblee auec les autres Procureurs deſdictes
villes. Et pour pouruoir doreſnauant auſdictes
affaires qui pourront ſuruenir entre les deux aſ-
ſemblees qui ont accouſtumé d'eſtre faictes de
trois ans en trois ans. A auſſi ladicte Cour ordonné & ordonne que par tous les Procureurs
deſdictes villes en chacune aſſemblee qui ſe fera,
ſeront eſleuz & nommez quatre bons & notables marchans, leſquels en attendant ladicte aſſemblee pouruoiront aux affaires qui pourront
ſuruenir durant ledict temps, ainſi & en la forme
& maniere qu'auoient accouſtumé de faire leſ-
dicts ſix Procureurs de ladite ville d'Orleans. Et
afin que la nauigation de ladicte riuiere de Loire
& autres fleuues deſcendans en icelle ſoient
mieux entretenus, & les empeſchemens eſtans
en icelle oſtez, & que chacune des villes eſtans
ſur leſdictes riuieres, porte par an, dons, charges

& fraiz neceffaires pour l'entretenement de ladicte nauigation. A ladicte Cour auffi ordonné
& ordonne fuiuant les lettres & octrois faicts
par la Royne de France aux marchans frequentans la riuiere de Loire, que boüetes feront mifes
és villes d'Orleans, Tours, & Blois, enfemble és
autres villes eftans au deffus de ladite ville d'Orleans efquelles n'y a boüetes, felon & ainfi qu'il
fera aduifé par lefdits marchans, à la charge tou-
tesfois que ceux qui auront payé à l'vne defdites
boüetes, ne feront tenus aucune chofe payer és
autres. Et au furplus à ladicte Cour ordonné &
ordonne, que par quatre bons & notables per-
fonnages à ce cognoiffans dont les parties conuiendront pardeuant l'executeur de ce prefent
Arreft, feront veuës & vifitees les riuieres de
Loire à l'endroict du pays d'Anjou, Sarte, Mai-
ne, Houdon, & le Loir, & les empefchemens y
eftans: lefquels commis vifiteront & eftimerôt
les balifemens & nettoyemens neceffaires pour
la nauigation defdictes riuieres, & en feront leur
rapport figné de leurs mains, & iceluy mettront
pardeuers l'executeur de ce prefent Arreft. Et
pour faire les reparations & balifemens neceffaires efdictes riuieres, ladicte eftimation faicte,
fera par le Receueur general des deniers defdites
boüetes, baillé la fomme de douze cens liures
tournois des deniers procedans de la boüete
d'Anjou, fi tant lefdictes reparations font efti-
mees: & fi lefdictes reparations montent à plus

¶ iij

grande somme, sera baillé par chacun an par ledict Receueur pour employer esdictes reparations & iusques à ce qu'elles soient parfaictes, pa-
reille somme de douze cens liures tournois sur
ladicte boüete : lesquelles sommes seront mises
és mains de deux bons marchans de la ville d'Angers, dont aussi lesdictes parties conuiendront
pardeuant ledit executeur, pour estre employées
selon & ainsi qu'il sera aduisé pour le profit &
vtilité de la nauigation desdictes riuieres. Et à ladicte Cour faict inhibitions & defenses audict
Receueur general, de ne bailler lesdictes douze
cens liures tournois ordonnees estre conuerties
esdictes reparations, a autres qu'ausdicts deux
marchans, sur peine de le recouurer sur luy. Et si
a ladicte Cour condamné & condamne lesdicts
defendeurs enuers les parties priuees, en la moitié des despens, l'autre moitié compensee, &
pour cause. Dict aux parties le premier iour de
Iuillet, l'an mil cinq cens quarante.

Signé,   S. GERMAIN.

Extraict des Registres de Parlement.

ENTRE les Manans & Habitans de la ville
de Nantes, demādeurs selon le contenu de
certaines lettres Royaux, dattees du treiziesme

iour de Septembre mil cinq cens soixante trois,
d'vne part : & les marchans frequentás la riuiere
de Loire & autres fleuues descendans en icelle,
Iacques Descomtes, Iacques Bourdineau, &
François Durant, deleguez à Orleans pour lesdits marchans, defendeurs, & adiournez, pour
venir proceder suiuant lesdites lettres, d'autre :
De Thou pour les demandeurs, en lettres par
eux obtenues, afin de mettre au neant l'appel in-
teriecté par lesdicts demandeurs des marchans
frequentans la riuiere de Loire, & aucuns particuliers assemblez à Orleans, attendu qu'ils n'ont
aucun pouuoir ne iurisdiction contentieuse qui
à conclud esdictes lettres : & en ce faisant, que
le Procureur par eux cóstitué au lieu de l'ancien
destituable & reuocable suiuant l'Arrest contra-
dictoire donné en l'an mil cinq cens quarante,
soit receu en l'assemblee qui se faict entre les
marchans frequentans ladite riuiere de Loire en
ladite ville d'Orleans. Et Thouronde pour les
defendeurs, qui a dict que par le mesme Arrest,
dict que les Procureurs constituez ne seront reuocables sans forfaicture ou autre faute iusques à
trois ans, & que celuy qui a esté reuocqué par les
demandeurs est encores dedans les trois ans : &
pour monstrer que la reuocatió est annueuse, on
verra qu'ils estoient deux Procureurs constituez
en vn mesme téps, & neantmoins n'y en a qu'vn
seul reuocqué qui est Deluc : Oüyz, ensemble
Dumesnil pour le procureur general du ROY, qui

a dict que l'Arrest à esté donné auec grandissime
cognoissance de cause, auquel interuint, & fut
oüy le Procureur general du Roy. Par icelles entre, autres choses nommément est dict, que les
gouuerneurs des villes pourront reuoquer leurs
Procureurs : aussi de droict tous Procureurs de
villes sont reuocables, & partant adherent auec
les demandeurs pour l'Arrest à ce qu'il soit suiuy
& executé. La Cour a enteriné & enterine aux
demãdeurs les lettres par eux obtenuës : & en ce
faisant, suiuant l'Arrest cy-deuant donné entre
les marchans frequentans la riuiere de Loire, &
les gouuerneurs des villes estans sur ladite riuiere, en datte de l'an mil cinq cens quarante, a per-
mis & permet aux demãdeurs & autres gouuerneurs desdites villes, pouuoir constituer & desti-
tuer leurs Procureurs, commis pour la charge de
la riuiere & marchandise par eaue, quand bon
leur semblera. Condamne les defendeurs és despens de l'instãce. Et sera le present Arrest publié
en la premiere assemblee qui se fera en la ville
d'Orleans des marchans frequentans la riuiere
de Loire, à ce qu'aucun cy apres n'en pretende
cause d'ignorance. F A I C T en Parlement le
trentiesme iour de Iuillet, l'an mil cinq cens soixante six.

    Signé,   B E R R V I E R.

CHARLES 6. Roy de France.